*Antes Que Você
Pense Outra Coisa*

Antes Que Você Pense Outra Coisa

Um guia ilustrado para compreender como os seus pensamentos e convicções moldam a sua vida

Bruce I. Doyle III

Tradução de
CARLOS ALBERTO NETTO SOARES

EDITORA CULTRIX
São Paulo

Título original: *Before You Think Another Thought*.

Copyright © 1994, 1997 Bruce I. Doyle III.

Publicado mediante acordo com Hampton Roads Publishing Co., Inc., Charlottesville, Virginia, USA.

Todos os direitos reservados. Nenhuma parte deste livro pode ser reproduzida ou usada de qualquer forma ou por qualquer meio, eletrônico ou mecânico, inclusive fotocópias, gravações ou sistema de armazenamento em banco de dados, sem permissão por escrito, exceto nos casos de trechos curtos citados em resenhas críticas ou artigos de revistas.

A Editora Pensamento-Cultrix Ltda. não se responsabiliza por eventuais mudanças ocorridas nos endereços convencionais ou eletrônicos citados neste livro.

O primeiro número à esquerda indica a edição, ou reedição, desta obra. A primeira dezena à direita indica o ano em que esta edição, ou reedição foi publicada.

Edição	Ano
5-6-7-8-9-10-11-12-13	08-09-10-11-12-13-14

Direitos de tradução para a língua portuguesa
adquiridos com exclusividade pela
EDITORA PENSAMENTO-CULTRIX LTDA.
Rua Dr. Mário Vicente, 368 – 04270-000 – São Paulo, SP
Fone: 6166-9000 – Fax: 6166-9008
E-mail: pensamento@cultrix.com.br
http://www.pensamento-cultrix.com.br
que se reserva a propriedade literária desta tradução.

COMETA GRAFICA E EDITORA LTDA
TEL / FAX : 6162 - 8999 - 6162 - 9099

À plenitude
a sua, a minha e a nossa

Foi uma daquelas manhãs —
uma nuvem cobriu o sol,
Olhando para cima, a ursa disse:
"Oh, isso não tem graça!"

Assim ela começou a pensar
em campos cheios de flores
Nos arco-íris brilhantes
que vêm depois das chuvas.

Então ela deu um grande sorriso
Pois de repente percebeu:
Um dia é tão lindo
quanto você pense que ele é.

Reproduzido com permissão.
© ACG, Inc.

Sumário

Prefácio 9
Agradecimentos 11
Introdução 13

1. Como Funcionam os Pensamentos
O Pensamento 17
As Convicções 22
A Estrutura das Formas-pensamento 35
A Atenção 48

**2. Aquilo em Que Você Acredita, É
o Que Você Consegue**
Responsabilidade por Si Mesmo 57
O Espelho 60
A Atitude Positiva 66
O Que Eu Entendo por Experimentar
e por Experiência 74
Por Que Você Não Está Conseguindo o Que Quer 78

3. Consiga o Que Você Quer
Mantenha um Ambiente Positivo 89
Tenha Fé em Si Mesmo 92
Aumente a Consciência de Si Mesmo 94
Remova as Formas-pensamento Limitadoras 100
Continue Explorando 105

Apêndice

Complete as Frases 107
Reflexões 110
Pontos Resumidos para Reflexão 113

Prefácio

O que eu estou prestes a compartilhar com você vem direto do coração. É sobre a experiência que tive e o que é verdade para mim. Não ofereço provas científicas para nenhum dos meus comentários. A maioria das minhas analogias é simples, numa tentativa de ilustrar o que — cientificamente — deve estar além da compreensão humana. Elas são apresentadas apenas para dar-lhe alguma coisa a que você possa se referir.

Se o que eu tenho a dizer anima você a querer saber mais, cumpri a minha missão de divulgar a mensagem de que somos todos seres ilimitados e que somente as nossas convicções individuais nos contêm. Nossas convicções originam-se daqueles pensamentos que aceitamos como verdadeiros. Cada um dos nossos pensamentos é um fio na trama do que conhecemos como a nossa vida. E cada um de nós tece a sua própria roupa. Coletivamente, tecemos a tapeçaria da Vida — vida que *todos nós* vivemos.

Se a vida que você está tendo não realiza você, a minha esperança é que, pela compreensão dos "fundamentos do pensamento", você terá novas perspectivas sobre como ter a vida que merece. Uma vida que não tenha limites.

Agradecimentos

Agradeço a todas as pessoas que, em algum momento, tenham desempenhado um papel na minha vida. Agora sei que você estava lá para refletir as minhas projeções e convicções sobre mim mesmo. Finalmente, consegui. Para aqueles de vocês que acusei — por favor, perdoem-me. Para aqueles que me inspiraram — eu me curvo.

Agradeço muito aos seguintes revisores do meu manuscrito inicial, pelos seus comentários e sugestões: Anne-Marie Bercik, Henrietta Buck, Shirley Calkins Smith, Guido DiGregorio, Stephanie Farrell, Anne Gouzy, Victoria Heasley, John Herman, Ginger Holler, Harry Palmer, Elaine Phillips, John Phillips, Eddy Savary, Harriett Simon Salinger, Betty Souls e Leon Stuckenschmidt.

Os meus agradecimentos também para Sydne Heather Schinkel, autora de *Earthbridge Crossing*, e ao seu marido, Thomas, pela sua excelente editoração e pela sua contribuição profissional para a edição revisada.

Agradecimentos especiais para Sharron Barron da Finally Unlimited por fornecer os ensinamentos "WE'S" — a minha iniciação nos sistemas de convicções.

Agradecimentos especiais também para Harry Palmer por criar o Curso Avatar. O Avatar deu-me uma compreensão mais profunda dos sistemas de convicções e forneceu-me instrumentos adicionais para me aproximar da experiência de uma vida ilimitada.

A mais profunda gratidão para Maureen Farrell pela sua criativa contribuição para a produção deste livro.

E, finalmente, agradeço de coração à parte de mim mesmo que, agora, tem a coragem de compartilhar coisas com você — sobre mim mesmo —, o que pouco tempo atrás teria sido impensável. Que essa partilha seja útil.

Amor e carinho para todos.

Introdução

Você já se sentiu como se estivesse numa pequena canoa flutuando no oceano — solitariamente à mercê das ondas avassaladoras? Não importava o quanto remasse, você não conseguia manter o seu rumo — sentia-se totalmente sem controle?

Com todos os livros, fitas, cursos e seminários disponíveis sobre vários aspectos do desenvolvimento pessoal — desde a adequação das atitudes básicas até a iluminação espiritual —, ainda parece que há um grande número de pessoas no planeta com essa sensação de descontrole, tentando desesperadamente obter o domínio sobre sua vida. Você pode ser uma delas. Para muitas pessoas a auto-estima está sempre em baixa. O que está acontecendo? O que está faltando?

O que está faltando é uma compreensão clara dos fundamentos de como cada um de nós cria as próprias experiências de vida. Sim, eu disse *as próprias*. Nós todos somos responsáveis pelas nossas experiências.

Os pensamentos e as convicções são os elementos básicos de toda a criação. Eles existem como diminutas ondas de energia chamadas *formas-pensamento*, cujo único propósito é realizar a intenção de quem pensa.

Compreendendo de que modo seus pensamentos e convicções operam, você será capaz de ver como algumas das convicções limitadoras que você mantém o afastam da conquista dos seus objetivos. Essas convicções podem ser removidas.

Compreender que você tem uma *assinatura energética* derivada das suas convicções o ajudará a entender como você atrai certos acontecimentos, circunstâncias e relacionamentos para a sua vida. Mudando as suas convicções, você atrairá experiências novas e mais desejáveis.

Quando você perceber que os seus pensamentos e convicções determinam o que você sente, estará no caminho para ter domínio sobre a sua vida.

—— **Um** ——

Como Funcionam os Pensamentos

O Pensamento

Alguma vez você já teve pensamentos que não queria compartilhar? Pensamentos sobre outras pessoas que você sabia que iriam desagradá-las se os expressasse? Talvez sobre as roupas delas, as maneiras ou coisas que fizeram que o aborreceram. Você hesitou em compartilhar seus pensamentos porque queria manter em paz o seu relacionamento. Você pode até ter-se repreendido severamente por ter esses pensamentos desagradáveis: "Como eu pude pensar uma coisa dessas?!"

A maioria das pessoas considera os pensamentos como idéias ou noções que residem na cabeça para seu uso próprio e pessoal. Os pensamentos ajudam você a entender coisas, a avaliar situações, a tomar decisões e a gerar sentimentos e, às vezes, parecem deixá-lo louco (bem... quase louco).

Os pensamentos ou as idéias podem parecer que residem na sua cabeça, mas, na realidade, cada pensamento existe como uma minúscula onda de energia chamada forma-pensamento. Uma forma-pensamento é real — existe. Ela não é notada por você porque a sua vibração de energia (sua freqüência) está fora do alcance dos sentidos humanos. Ela age mais rápido que a velocidade da luz e, portanto, não é perceptível para você.

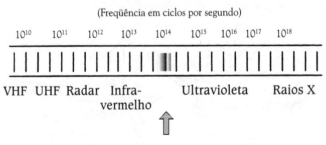

O Espectro da Energia

Nossos sentidos são limitados a uma faixa específica de freqüência.

COMO FUNCIONAM OS PENSAMENTOS 19

Poderia ser útil para você compreender esse conceito relacionando-o com alguma coisa que você já conhece mas sobre a qual, provavelmente, não pensou muito. Se você é como a maioria de nós, deve ter uma estação de rádio favorita. Talvez uma estação FM para ouvir o "seu tipo" de música. Digamos que esteja na freqüência 102,7 no dial.

O que esse número significa é que a freqüência de transmissão para aquela estação é de 102,7 megahertz (megaciclos). *Mega* é a designação métrica para um milhão. A energia transmitida pela estação vibra continuamente no espaço ao seu redor. Mas, a menos que o seu rádio esteja sintonizado na freqüência de 102,7 milhões de ciclos por segundo, você não tem consciência disso.

O que eu quero dizer é o seguinte: há muita informação vibrando no espaço ao nosso redor da qual não estamos conscientes porque nossos sentidos são limitados a uma faixa específica de freqüência. E parte da informação que vibra no espaço está na forma de minúsculas e sutis formas-pensamento.

A missão de cada forma-pensamento é concretizar a intenção do pensamento — realizar os desejos ou intenções de quem pensa. Ele o faz atraindo para si formas-pensamento semelhantes para ajudá-lo a concretizar seus objetivos. Na verdade, você é como uma estação de rádio, a Rádio Você, transmitindo os seus desejos, intenções e idéias para o universo — sem nenhuma censura. Imagine um rei que envia membros escolhidos da sua corte para fora do seu reino a fim de realizar os seus desejos (mesmo os mais secretos).

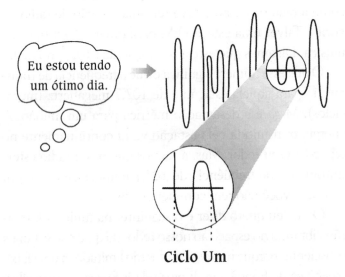

Ciclo Um

Os pensamentos existem como formas-pensamento.

Alguma vez alguém já disse para você: "Cuidado com o que deseja, que você pode conseguir"? Alguma vez você já teve o mesmo pensamento, exatamente ao mesmo tempo que alguém próximo de você? Alguma vez as pessoas o acusaram de ler suas mentes? Existem pessoas na sua vida com quem você se sente "sintonizado"? Algumas pessoas são muito sensíveis e capazes de captar vibrações de formas-pensamento. Se respondeu *sim* para alguma dessas perguntas, você provavelmente é uma delas.

As Convicções

Os pensamentos que você aceita como verdadeiros tornam-se as suas convicções.

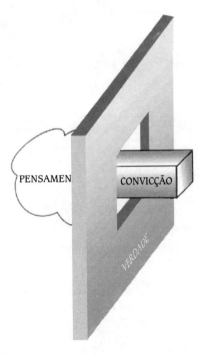

Juntas, todas as suas convicções compõem o seu sistema de convicções.

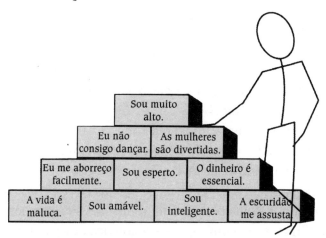

Se eu dissesse que a Lua é feita de queijo suíço, duvido que você acreditaria em mim. Baseado no que já sabe, você não consideraria essa afirmação verdadeira e ela não se tornaria parte do seu sistema de convicções. Mas se eu dissesse: "Os padrões climáticos mundiais continuarão a mudar dramaticamente", você provavelmente concordaria. Alguns de vocês já têm evidências palpáveis disso. Você perceberia que a minha afirmação é verdadeira e a juntaria às suas convicções anteriores.

As convicções são formas-pensamento especializadas que se tornam parte do seu sistema de convicções individual. Além disso, existindo como ondas de energia que você irradia para o universo, elas acumulam formas-pensamento semelhantes de modo a criar eventos, circunstâncias e relacionamentos que comprovam as suas convicções.

"Espere um minuto", você diz. "Você não está invertendo a ordem dos fatos? Eu passo por uma experiência — então posso acreditar nela. Você conhece o velho ditado: 'Ver para crer.' "

Sim, esse é um velho ditado, mas, na realidade, acontece do modo oposto. Você só passará por uma experiência se acreditar nela. A convicção precisa vir antes. Se você passou pela experiência de alguma coisa em que não acreditava, como pôde acreditar nisso? A sua experiência confirma a sua convicção — a convicção vem antes da experiência. Esse é o modo como o universo funciona.

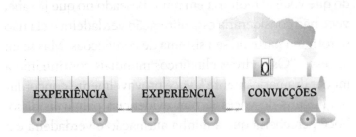

A convicção vem antes da experiência.

Se você acredita que é pobre, pode imaginar-se rico? Se acredita que é gordo, pode imaginar-se magro? Se acredita que é tolo, pode imaginar-se esperto? Pense nisso! Aquilo em que você acredita é o que você é.

As convicções geralmente são descritas ou como convicções conscientes ou como convicções subconscientes.

As convicções conscientes são aquelas das quais você tem conhecimento; eu poderia fazer uma lista de várias delas rapidamente. As convicções conscientes podem ser fortalecedoras, como "Sou inteligente" e "A vida é excitante"; ou limitadoras, como "Sou desajeitado" e "Os homens me odeiam".

As convicções subconscientes são aquelas das quais você não tem conhecimento. Você não sabe que elas existem e as experiências que criam para você são vistas como "A vida é assim mesmo". Você não percebe a sua responsabilidade por tê-las aceitado como convicções. Elas são invisíveis para você.

Um exemplo de uma convicção subconsciente limitadora poderia ser: "Nunca consigo as coisas como eu quero", derivada de um juízo infantil sobre autoridade. Essa convicção poderia aparecer mais tarde na vida como repetidos conflitos com patrões. Essa pessoa poderia afirmar com freqüência: "Todos os patrões são burros", sem perceber que está agindo a partir de uma convicção invisível. Como você sabe, nem todas as pessoas consideram os patrões desse modo.

Um exemplo de uma convicção subconsciente potencializadora poderia ser algo como "Estou sempre em segurança". As pessoas com essa convicção poderiam não saber disso, entretanto, vivem suas vidas sem temer por sua segurança. Elas simplesmente não atrairiam uma situação potencialmente perigosa e não veriam ameaças para si mesmas, ainda que surgisse uma.

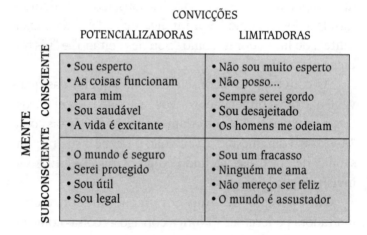

CONVICÇÕES

	POTENCIALIZADORAS	LIMITADORAS
MENTE CONSCIENTE	• Sou esperto • As coisas funcionam para mim • Sou saudável • A vida é excitante	• Não sou muito esperto • Não posso... • Sempre serei gordo • Sou desajeitado • Os homens me odeiam
MENTE SUBCONSCIENTE	• O mundo é seguro • Serei protegido • Sou útil • Sou legal	• Sou um fracasso • Ninguém me ama • Não mereço ser feliz • O mundo é assustador

No meu modelo de convicção, você pode ver que há basicamente quatro áreas de convicções que podem ser consideradas. Nos níveis consciente e subconsciente, você tem tanto convicções potencializadoras como limitadoras. São estas últimas que analisaremos com mais detalhes.

Depois de eliminá-las, você gastará menos energia e atenção para criar as circunstâncias que quer ter na vida.

Todos os pensamentos e todas as convicções têm a forma-pensamento correspondente, que é uma onda de energia dinâmica com dois parâmetros-chave: uma *freqüência de vibração* correspondente à sua intenção e uma *magnitude* correspondente à quantidade de desejo associada a ela. Cada um dos nossos sistemas de convicções pode ser representado por uma assinatura energética (não diferente da nossa assinatura pessoal) que é única para nós e nos define essencialmente. Somos todos como ímãs energizados atraindo experiências para nós.

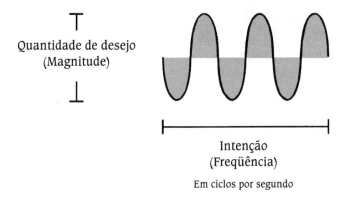

Toda forma-pensamento tem dois parâmetros-chave.

Você já notou que, quando encontra algumas pessoas pela primeira vez, sente-se bem com algumas e com outras não? Você está sentindo os campos de energia delas. Aquelas com quem se sente confortável terão, mais provavelmente, convicções semelhantes. Acredite nas suas sensações.

Quando você tem relacionamentos muito próximos com as pessoas, pode sentir que elas estão aborrecidas antes que digam uma palavra. Pode perceber que a energia delas mudou — para uma freqüência mais baixa.

Sua assinatura energética básica é o resumo de todos os seus pensamentos e convicções. Você define a si mesmo — personalidade, atributos físicos e comportamento. Só você pode criar ou mudar os seus pensamentos e as suas convicções. E as suas convicções criam o que você experimenta como vida.

Alguma vez você já tentou mudar alguém? Isso não funcionou, funcionou? Ninguém pode mudar o pensamento dos outros. As pessoas devem querer mudar e fazê-lo por si mesmas. Conseqüentemente, se cada um de nós é responsável pelos próprios pensamentos, somos igualmente responsáveis pelos nossos sentimentos. Os sentimentos são gerados pelos pensamentos. Observe que, quando você tem pensamentos positivos, você se sente bem. Quando tem pensamentos negativos, como se sente?

COMO FUNCIONAM OS PENSAMENTOS

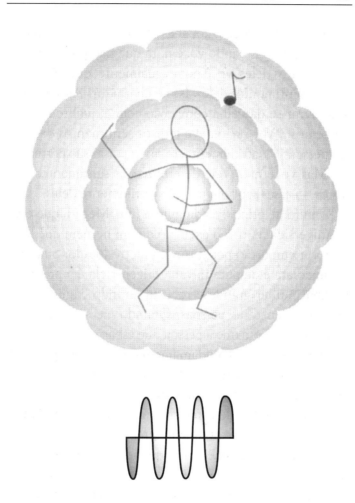

**Sua assinatura energética
atrai as circunstâncias da sua vida.**

Alguma vez você já foi acusado de ferir os sentimentos dos outros? Quando você nota que não pode criar os pensamentos deles, você nota, igualmente, que não pode criar os sentimentos deles. Isto é libertador! Agora, você pode livrar-se da velha convicção com a qual todos nós crescemos: "Você não deve ferir os sentimentos das outras pessoas." Naturalmente, todas as coisas são pertinentes. Mas você não pode determinar os sentimentos dos outros — esses sentimentos são estritamente deles.

O livro de psicologia da minha filha Megan, que está na universidade, traz o exemplo de um homem que leva um forte empurrão por trás num metrô lotado. Sua reação imediata é de pura raiva: a origem dela é a presença de uma mulher grande e robusta abrindo caminho aos empurrões entre as pessoas. Quando ele se volta para confrontá-la, nota que a pessoa que esbarrou nele é cega. Os seus sentimentos mudam imediatamente, enquanto a sua mente se enche de pensamentos de compaixão. Seus pensamentos — seus sentimentos.

Você se lembra de como se sentia quando acreditava em Papai Noel? Era totalmente empolgante, não é mesmo? O que foi que você sentiu quando descobriu que ele na verdade não existia e mudou a sua convicção? Isso tirou uma parte divertida da sua vida, não tirou? Convicção diferente — experiência diferente!

CONVICÇÕES

Sentimentos

REAÇÕES

**Quando mais de uma pessoa
concorda sobre alguma coisa,
ela torna-se uma convicção compartilhada.**

Convicções compartilhadas podem estender-se a muitos indivíduos. As diferentes religiões que existem no planeta são exemplos de muitas pessoas compartilhando convicções em comum. Todas as diferentes estruturas sociais, financeiras e políticas ao redor do globo também são exemplos de sistemas de convicções. O importante a ser lembrado é que cada pessoa tem direito às suas próprias

Todos têm a sua verdade.

experiências e, conseqüentemente, às suas próprias convicções.

Quando você tenta convencer os outros de que as suas convicções são a *única* verdade é que surge a dificuldade. Veja bem, nós todos temos as nossas verdades. A verdade pertence a quem acredita nela. Há tantas verdades quantos são os que acreditam nelas. Muitos podem compartilhar convicções em comum, mas, essencialmente, cada um de nós cria a sua própria e única perspectiva do mundo baseado nas suas convicções.

Na essência, então, cada um de nós vive no seu próprio mundo e é responsável por ele. Certamente, o seu mundo é diferente do meu e, igualmente, daquele dos seus vizinhos. Alguma vez você já quis saber como você se parece para os outros? Alguma vez já quis saber como seria caminhar com os sapatos de alguém? Nós todos vemos a vida a partir de nossas perspectivas (baseados nas nossas convicções) e é diferente para cada pessoa. De fato, a única diferença real em qualquer um de nós é aquilo em que acreditamos. Seguramente, muitos de nós parecemos diferentes, mas talvez isso também seja uma convicção.

Se você se surpreende tentando convencer alguém de alguma coisa em que acredita, pergunte-se se você realmente acredita nela. Tentar convencer alguém da sua verdade implicaria que você duvida da sua própria convicção. Quando você realmente acredita em alguma coisa, não existem dúvidas. *Ter esperança* de que fosse verdade admitiria a dúvida. Quando você não tem dúvida, pode enfrentar qualquer desafio impassivelmente — você sabe a verdade.

A Estrutura das Formas-pensamento

Compreender a estrutura das formas-pensamento o ajudará enormemente a compreender seu impacto nos sistemas de convicções.

Na minha visão, as formas-pensamento tendem a agrupar-se e agregar-se, como um cacho de uvas. Tome um cacho de uvas, arranque as uvas e terá um arranjo de raminhos indo em todas as direções. Conforme se aproximam do ramo central, eles vão ficando mais grossos e fortes. No final, tem-se o ramo "principal".

Na minha analogia, o ramo principal iguala-se à forma-pensamento-raiz — a forma-pensamento inicial e mais enraizada, que é a causa primária do assunto envolvido. Com qualquer idéia, assunto ou situação nova, a forma-pensamento inicial que você gera estabelece o padrão básico ou a matriz da experiência. Os pensamentos e convicções subseqüentes relacionados com aquele tema ligar-se-ão à forma-pensamento-raiz como os ramos em um

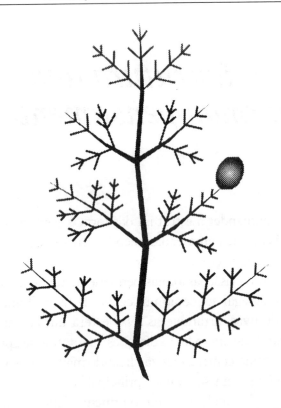

cacho. Para esclarecer um assunto, você tem de, literalmente, "arrancar a forma-pensamento original pelas raízes".

Um antigo colega meu, quando depara com algo novo, geralmente diz: "Isto não vai ser fácil." Adivinhe o que acontece? A vida dele é cheia de obstáculos que exigem enormes esforços para serem superados.

COMO FUNCIONAM OS PENSAMENTOS 37

As convicções limitadoras mais fortes e mais influentes com que você terá de lidar provavelmente estarão ligadas ao conceito que você tem de si mesmo (as suas convicções sobre como você vê a si mesmo). Suas afirmações do tipo "*Eu sou* _____". Essas convicções geralmente têm origem na infância e/ou na meninice. Freqüentemente, elas são classificadas como "condicionantes" ou "programantes".

Não usaremos nenhum desses termos. Para mim, eles implicam que alguma coisa foi feita "para você", contribuindo para gerar culpa e afastar toda responsabilidade pessoal. Ninguém além de quem acredita — além de você — pode aceitar ou optar por uma convicção.

Assim, mesmo como uma criança, você fez uma escolha. Uma vez que a experiência provavelmente envolveu alguém numa posição influente, naturalmente você aceitou a avaliação dessa pessoa. Que razão você teria para duvidar da avaliação que faziam de você? Nenhuma.

Mas, agora, como adulto, você pode reavaliar a sua decisão, para ver se ainda quer manter convicções específicas que não são mais do seu interesse. As convicções são como idéias — as boas você mantém, as más, descarta.

Um Exemplo Potencializador

Vamos, primeiro, olhar o impacto favorável de uma convicção potencializadora.

Jane, uma menininha, vivia num ambiente muito positivo. Era amada pelos pais, parentes e amigos. Era encorajada a tentar coisas e recebia elogios e apoio. Ela adotou a seguinte convicção: "Sempre tenho tudo de que preciso e sinto-me segura."

A Estrutura das Formas-pensamento de Jane

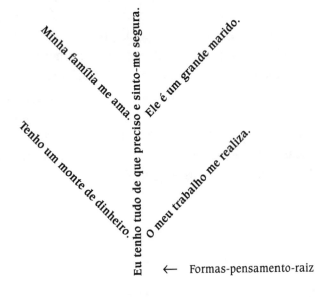

← Formas-pensamento-raiz

Essa convicção básica, para realizar-se, agia no sentido de influenciar positivamente todas as principais facetas da vida dela. Por toda a sua vida, a menos que sofresse o impacto de uma convicção conflitante, ela tinha essa convicção. Como adulta, via o efeito disso no seu trabalho — um emprego que a fazia sentir-se realizada. Suas finanças atendiam continuamente às suas necessidades. Seus relacionamentos eram satisfatórios e estáveis e davam-lhe o amor que ela merecia. Aquela forte convicção potencializadora dava-lhe uma "raiz" que sustentava firmemente as experiências da sua vida.

Um Exemplo Limitador

Jim, por outro lado, não foi tão feliz. O ambiente em que ele vivia provinha de um casamento que não foi planejado. Seu pai casou-se com a sua mãe porque achava que fazê-lo era a sua obrigação; mas ficara extremamente ressentido por Jim ter nascido. Ele dava pouca atenção para o filho, exceto para criticá-lo ou castigá-lo severamente. Felizmente, a mãe de Jim era carinhosa e o tratava com muito amor. Mas a afeição dela por ele só enfurecia o pai ciumento.

Por causa de tudo isso, Jim cedo decidiu (criou a convicção) que era por culpa dele que seus pais eram infelizes. Isso traduziu-se na convicção: "Sou responsável pela infelicidade dos outros." Você pode ver o quanto aquela convicção "raiz" influiria negativamente em todas as principais áreas da vida dele? Que carga sentir-se responsável pela infelicidade de outras pessoas — uma vida feita de tentativas para agradar os outros.

Adulto, como Jim iria negociar um acordo ou pedir um aumento se achava que as outras pessoas poderiam ficar aborrecidas? Você pode imaginá-lo tentando agradar o seu colega o tempo todo? Como ele se sentiria se

A Estrutura das Formas-pensamento de Jim

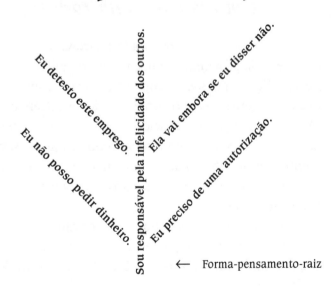

← Forma-pensamento-raiz

alguém perto dele não estivesse feliz? Ele sempre teria a sensação de que era culpa dele. Uma vida sem nenhuma liberdade emocional para si mesmo — sempre monitorando o seu comportamento. Isso é o que faz uma convicção limitadora. E, para Jim, esse comportamento parecia absolutamente normal — a limitação que sofria era invisível para ele.

Novamente, lembre-se de que não há por que culpar o pai dele — foi Jim quem decidiu aceitar o que acreditava sobre si mesmo. Na época, isso pode ter feito muito sentido. No projeto para determinar a experiência de vida de Jim foi colocado um fator limitador muito forte pelo que parecia ser uma convicção simples e inofensiva.

Incidentes da Vida

Uma vez que uma forma-pensamento-raiz esteja estabelecida, ocorrerão incidentes para continuar a dar evidências ao sujeito de que sua convicção é verdadeira. Vamos tentar outro exemplo para ilustrar melhor esse ponto.

A mãe de Sally tinha que ir a uma inesperada reunião de negócios num momento em que a sua babá regular não estava disponível. Depois de diversas ligações telefônicas, finalmente pôde conseguir uma vizinha que concordou em cuidar da criança. A vizinha era uma senhora gentil, mas que não estava acostumada a ficar com crianças de quatro anos de idade.

Sally percebeu a falta de jeito dela. Sally não se sentiu nada bem com a nova babá e começou a chorar. A babá, tentando fazê-la parar, começou uma série de jogos de faz-de-conta que implicava fazer caretas. Isso só aumentou o medo de Sally e a fez chorar ainda mais. A vizinha, totalmente frustrada, pegou Sally, levou-a para o quarto e largou-a na cama. Quando bateu a porta atrás de si, esbravejou: "Você é a pior criança que eu já vi." Naquele momento de vulnerabilidade, Sally decidiu: "Há algo de errado comigo."

A Vida de Sally

4 Anos
Incidente-raiz

6 Anos
Olhos ruins

16 Anos
Notas ruins

30 Anos
Promoções perdidas

40 Anos
Divorciada

Quando ficou mais velha, ocorreram incidentes e foram criadas formas-pensamento semelhantes para completar o sentido da convicção principal: "Há algo de errado comigo." Essas formas-pensamento semelhantes ligaram-se à forma-pensamento-raiz como os ramos do cacho de uvas de que falamos. Todas as áreas da sua vida foram afetadas por essa convicção básica — da qual, diga-se de passagem, ela estava totalmente inconsciente.

A Estrutura das Formas-pensamento de Sally

A figura da página precedente contém alguns exemplos de situações da vida real que poderiam brotar de uma convicção anterior de que "há algo de errado comigo". As convicções relacionadas — sobre uma visão fraca aos seis anos, dificuldade nos estudos na adolescência, problemas de trabalho aos 30 anos e um conflito de relacionamento aos 40 — puderam desenvolver-se todas de uma única convicção, simples e limitadora: "Há algo de errado comigo." Naturalmente, essas mesmas situações poderiam nascer de outras convicções originais. Se você se relaciona com uma dessas condições, não suponha que se trate da mesma convicção. Examine melhor: pode ver padrões de experiência repetidos na vida das pessoas próximas a você? E quanto a você? Continua tendo uma experiência recorrente? Que convicção poderia estar por trás dessas situações?

Auto-sabotagem

Freqüentemente, as pessoas têm comportamentos inexplicados que seriam descritos como "auto-sabotagem". É como ter no seu subconsciente um pequeno duende muito travesso. Volta e meia ele faz algo estranho — geralmente no momento inadequado — sobre o qual você parece não ter controle. Pelo menos, é o que parece. É aquele comentário inoportuno durante um encontro

COMO FUNCIONAM OS PENSAMENTOS

importante que simplesmente liqüida a oportunidade com a qual você estava contando. Você sai do encontro resmungando para si mesmo: "Por que eu fui dizer aquilo?"

Talvez aquele pequeno duende não exista. Considere a existência de uma forma-pensamento limitadora pela qual você é totalmente responsável — mas da qual não está consciente. O que você acha que poderia acontecer, numa entrevista, para alguém que tivesse a convicção de que: "Eu simplesmente não me dou bem em entrevistas"? Essa pessoa provavelmente diria alguma coisa não-intencional no momento mais inoportuno. Isso poderia ser chamado de auto-sabotagem, porém, mais que provavelmente, há uma convicção limitadora em ação.

O que estou falando parece sutil, mas você pode ver o impacto significativo que essas convicções limitadoras têm na sua vida? Aqui está um exemplo da vida real.

Cerca de um ano atrás, eu estava trabalhando com um cliente — vou chamá-lo de Pete — que estava fazendo um serviço de pesquisa de âmbito nacional. Passamos muitas horas juntos, nas quais eu praticamente apenas ouvia e observava a frustração dele. Pete estava encontrando muitas dificuldades para decidir o que queria fazer. Parecia que todos os dias estava animado com algo novo e voltado para uma direção diferente.

Eu tinha apresentado os meus conceitos sobre os sistemas de convicções para Pete e ele tinha uma compreensão intelectual do que eu estava dizendo, mas ainda não tinha tido um "estalo" mais profundo. À medida que ele e eu trabalhamos mais profundamente, comecei a tomar nota das convicções limitadoras que freqüentemente eu o ouvia declarar. As convicções que eu mais ouvia eram:

"Há um preço a pagar por cada coisa."
"É impossível ter tudo."
"Nada é o que as pessoas pensam que é."

Pete e eu discutimos essas convicções expressas com freqüência e era claro que, muito embora ele tivesse uma idéia intelectual do conceito "as convicções determinam a experiência", ele não a havia incorporado. Ele estava totalmente inconsciente de que essas convicções estavam agindo. Ele estava tão acostumado ao seu modo de agir que isso havia se tornado invisível para ele.

Uma vez que discutimos essas convicções limitadoras abertamente, ele conseguiu entrar em contato com elas. Ele havia crescido com elas — eram as mesmas convicções de seu pai.

Você pode ver o quanto alguém, agindo com essas convicções, teria dificuldade para tomar uma decisão? Ele estava se estabelecendo. Só havia uma decisão correta para tomar e era melhor que fizesse a escolha certa ou teria que pagar mundos e fundos.

Poucos dias depois da nossa discussão, Pete veio ao meu consultório para dizer-me que havia compartilhado a sua nova revelação com a sua corretora de imóveis. Ele estava relatando para ela a sua convicção de que "as coisas não são o que parecem", quando ela respondeu: "Você está certo! Todos os meus clientes têm agendas secretas." Sem hesitação, Pete declarou: "... e ela é corretora há dez anos!"

Pete ainda estava procurando evidências para provar que a sua convicção era verdadeira — para todos.

Depois que mostrei que a sua amiga estava apenas atraindo clientes que confirmassem a convicção dela, ele começou a entender o que eu dizia. Ele estava ficando mais consciente e podia começar o processo de afastar as convicções que estavam atrapalhando o seu caminho.

A Atenção

Aquilo em que você coloca a sua atenção cria força e se expande na sua vida.

Os cientistas estão descobrindo mais e mais evidências de que nós, humanos, não somos observadores independentes de um universo mecânico. A nossa atenção, apoiada pela intenção das nossas convicções, cria o que sentimos como nossa vida. Cientificamente, pode-se dizer que concentrar a sua atenção no campo de energia da consciência, o qual contém as ondas de todas as possibilidades, cria as partículas (eventos e materializações) que você considera como sendo a sua realidade.

Esse é um conceito muito importante. Deixem-me repeti-lo: aquilo em que você coloca a sua atenção cria forças e se expande na sua vida. Essa única idéia, sozinha, pode fazer enorme diferença para você.

Lembre-se da última vez em que esteve pensando em comprar um carro novo. Você tinha a sua atenção concentrada nisso e o que aconteceu? Repentinamente, você notou muitos tipos, modelos e cores diferentes de carros, avisos de "Vende-se" nas janelas, anúncios nos jornais e pessoas dando informações para você sobre um amigo que estava pensando em vender o carro. Sua atenção trouxe as coisas à sua consciência por causa do seu foco. No momento em que você adquiriu o carro novo, sua atenção mudou. A mesma informação sobre carros estava disponível, mas não atraía mais a sua consciência. Sua atenção estava voltada para outro lugar.

Aquilo em que você se concentra expande-se na sua vida.

Imagine um mineiro de carvão com um capacete munido de uma lanterna para que ele possa ver à sua frente. Agora, imagine a si mesmo com uma luz semelhante saindo da sua testa. Pense nela como o facho da sua atenção.

Com que freqüência você tem consciência de para onde ela está dirigida?

É importante dirigir a sua atenção eficazmente. Em outras palavras, não desperdice a sua energia criativa. Sem um foco deliberado, você está espalhando a sua atenção por aí aleatoriamente, sem alcançar nenhum benefício real para si mesmo. Mantenha a sua atenção concentrada em algo positivo e coisas boas começam a acontecer.

Essa é a razão real para a determinação de metas. É o foco mental que ajuda você a conquistar as suas metas. O seu foco está, na verdade, dando forças à forma-pensamento que você expressou como a sua meta. Infelizmente, muitos de nós fomos orientados para o aspecto falível da determinação de metas e, assim, para evitar fracassos, não determinamos metas. Sim, o conceito de falibilidade é uma convicção — compartilhada e muito forte.

Se existe alguma coisa na sua vida que você quer, mantenha a atenção concentrada nessa meta. Se surgirem coisas — e surgirão — que parecem estar no caminho, não se concentre nelas. Maneje-as, mas continue concentrado na sua meta. É quando você se concentra nos obstáculos que tende a desistir. Pense no que nós já discutimos. O que acontece quando você se concentra nos obstáculos? Certo — o seu foco apenas fortalece as formas-pensamento relacionadas com o obstáculo. Continue concentrado na meta.

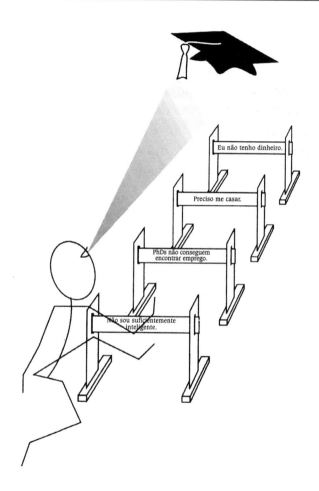

Mantenha-se concentrado na sua meta.

Você poderia ter uma meta que você acredita que só pode ser alcançada se tiver uma certa quantidade de dinheiro. Em vez de concentrar-se na meta, concentra-se no fato de não ter dinheiro suficiente. O que fica reforçada é a forma-pensamento de que não há dinheiro suficiente. Talvez houvesse um modo de alcançar a meta sem dinheiro. Por não se concentrar nela, você restringe suas possibilidades de acontecer, das quais pode não estar consciente.

Victoria Heasley, uma terapeuta massagista, constantemente me surpreende ao me contar como ela obtém o que precisa. Ela é o tipo de pessoa que diz para si mesma: "Eu bem que podia usar outro sofá" e, em dias, um amigo que está saindo da cidade telefona para perguntar se ela conhece alguém que queira um bom sofá. Se ela se concentrasse em se preocupar com o dinheiro para comprar um sofá, teria perdido essa oportunidade. Continue concentrado na sua meta!

Lembre-se da história sobre a pequena locomotiva que achava que podia subir a montanha. Ela estava realmente concentrada na sua meta. Como você acha que ela teria se saído cantando: "Nunca vou conseguir. Minhas juntas estão doloridas. Nunca vou conseguir. Minhas juntas estão doloridas"?

Saber para onde a sua atenção está dirigida também é importante porque você sente fisicamente aquilo em que concentra a sua atenção. Provavelmente, você está concentrado em pensamentos limitadores ou negativos toda vez que está tendo uma experiência desagradável. Então, se quer mudar o modo como se sente, mude a sua atenção para outra coisa, qualquer coisa — uma lembrança agradável, um assunto diferente. Ou, melhor ainda, torne-se um observador dos seus pensamentos e só os veja flutuando. Isso pode ser bem relaxante e pode ser chamado de meditação. Monitorando para onde está dirigindo a sua atenção, você começará a tomar conhecimento do motivo pelo qual está passando pelo que está passando.

À medida que você vai lendo este livro, observe as suas emoções. Se detectar emoções desagradáveis, veja se pode determinar qual convicção você possa ter que está sendo desafiada pelo que você está lendo naquele momento. Medo, preocupação e dúvida são, provavelmente, as três formas-pensamento mais fortes do planeta. Elas roubarão de você todos os desejos. Se puder entrar em contato com as convicções limitadoras que estão por trás desses criminosos e removê-las, você será uma nova pessoa.

—— **Dois** ——

Aquilo em Que Você Acredita É o Que Você Consegue

Responsabilidade por Si Mesmo

O fato de que você cria todas as suas experiências de vida é um despertar brutal para a maioria das pessoas. Agora, você pode estar aí, sentado, duvidando de cada palavra do que estou dizendo. Tudo bem. Tudo o que lhe peço é que considere o que está sendo dito. Pense um pouco nisso. Esteja aberto para a possibilidade de que isso merece ser explorado.

A boa notícia é que, com o reconhecimento de que está criando a sua vida (e com um pouco de clemência), você pode começar a encarregar-se — como o projetista da sua vida, e não mais uma vítima das circunstâncias aleatórias. Você torna-se responsável por si mesmo.

Saber que é responsável pelas suas experiências, e sempre foi, dá a você a oportunidade de começar a criar as experiências que gostaria de ter, em vez de viver a vida com negligência. Uma grande quantidade de poder pessoal está à sua disposição, muito mais do que imaginou.

58 ANTES QUE VOCÊ PENSE OUTRA COISA

Por poder pessoal, não estou falando do tipo de poder que você tem sobre os outros. Estou falando do poder interior. O poder da autoconfiança, da auto-estima. Quando você tem esse tipo de poder, não há necessidade ou vontade de ter poder sobre qualquer outra pessoa ou coisa.

Às vezes, eu reflito sobre os meus primeiros anos como um jovem gerente no mundo empresarial. Alguns dos nossos executivos-seniores pareciam, a meu ver, precisar do poder — o tipo de poder-sobre-os-outros. Parecia que eles desperdiçavam bastante tempo e talento (o deles) em sessões de inspeção de negócios intimidando a nossa equipe de gerentes. Eles eram bons para criar pânico e estimular sentimentos de inadequação. É uma vergonha que nenhum deles tivesse poder pessoal para agir mais como instrutores. Tenho certeza de que eu, os meus colegas — e os negócios — teriam se saído muito melhor.

É bom olhar para trás e ver a situação de uma nova perspectiva. É boa a sensação de saber que as convicções deles criaram as experiências deles e as minhas criaram as minhas. Isso nos exime de toda a culpa. O que mais algum jovem gerente poderia atrair para si se tinha a convicção limitadora inconsciente de que "É sempre culpa minha"? Eu estava constantemente me colocando em situações em que eu tinha que me defender tentando provar que não era minha culpa. Essa não é uma posição confortável para se ficar. Mas é assim que funcionam as formas-pensamento limitadoras. Sem dúvida, estou contente por ter resolvido estas. Quando você começa a sentir o poder de mudar as suas convicções, o seu desejo de saber sempre mais sobre isso torna-se compulsivo.

O Espelho

Quando examinarmos um pouco mais o conceito de que as suas convicções determinam as suas experiências, veremos que essas últimas (os eventos externos) são dirigidas pelas primeiras (os eventos internos). Você pode então usar os eventos externos para ver no que realmente acredita. Isso costuma ser chamado de *espelhamento*.

O universo que *você* vive espelha o seu sistema de convicções para você. Se quer mudar as suas experiências, você terá de mudar as suas convicções. As suas experiências de vida são grandes professores; mas, se não notar que está em aula, você pode perder o curso inteiro. É claro que ele lhe será oferecido novamente, mas você sabe o que acontece com o custo do ensino todos os anos!

Neste livro, à medida que você faz o seu caminho entre as idéias, seria útil se começasse a fazer uma lista das situações, circunstâncias ou pessoas que criam em você sentimentos desagradáveis, quando elas vêm à mente. Essas notas darão a você um ponto de partida quando, mais tarde, explorar o que o seu espelho guarda para você.

O universo espelha as suas convicções.

Da mesma forma, pense em alguém que você conhece muito bem e anote aquilo em que essa pessoa poderia acreditar para estar tendo as experiências que está tendo. E quanto a você? Há algumas experiências na sua vida que preferiria não ter? Quais convicções você estaria mantendo que estão criando essas experiências?

Na maioria dos casos, os reflexos de desagrado que são espelhados de volta (as suas percepções) têm a ver com convicções que você mantém sobre si mesmo. Uma baixa auto-estima é a principal causa de insatisfação das pessoas com suas vidas. As inadequações definidas e as convicções limitadoras (muitas das quais são invisíveis) são sentidas quando vemos nos outros o que não estamos vendo ou nos recusamos a aceitar em nós mesmos. Na próxima vez em que se sentir crítico quanto a alguém, reflita e veja se não está, de algum modo, identificando-o com um traço seu de que você não gosta ou que não aceitou.

Se você emite um julgamento — seja verbal ou mentalmente — sobre o comportamento de outra pessoa, e isso é acompanhado pela emoção, você está "fisgado". A emoção é um bom sinal de que você tem a oportunidade de fazer alguma descoberta e de uma possível cura sobre o assunto em questão. Se você apenas observa o comportamento de alguém, se apenas o *nota* sem nenhuma reação emocional, você está livre.

Não fique alarmado se você se surpreender emitindo julgamentos. Esse comportamento é algo que pode levar algum tempo para mudar, quando decidir fazê-lo. Cada um desses julgamentos está ligado a uma convicção. Pode demorar para descobri-los. Quando o fizer, seja gentil com você mesmo. Julgar a si próprio pelo fato de estar julgando os outros só complica o problema.

AQUILO EM QUE VOCÊ ACREDITA, É O QUE VOCÊ CONSEGUE 63

Posso lembrar-me de ouvir, com freqüência, quando eu era pequeno, meu avô e meu pai falarem crítica e muito severamente de outras pessoas — daquelas que eram diferentes deles. As de outra raça e as pessoas pobres eram consideradas "naturalmente preguiçosas" e os "ricos imundos" eram "trapaceiros". Eu não achava que a maioria dessas opiniões colasse; tínhamos apenas uma pessoa negra na escola e eu gostava muito dela. Ela estava sempre de bom humor e geralmente fazia-nos rir. Mais tarde, na vida, tive amigos que eram diferentes de mim.

Nunca pensei, portanto, que eu tivesse um problema com raças até que me apaixonei perdidamente pela mulher dos meus sonhos. Pouco depois que começamos a namorar, ela contou-me que o seu último namorado fora um homem negro. Fiquei chocado. O meu julgamento estava estampado na minha cara. Não era mais invisível. Eu tinha uma longa lista de convicções críticas sobre o tipo de mulheres que namorariam negros. Eu tinha de acabar com aquela relação para provar que estava certo ou enfrentar as minhas convicções limitadoras. Certamente, elas não combinavam com as minhas convicções atuais sobre a mulher que eu estava namorando. O conflito mental foi torturante.

Felizmente, ela era compreensiva e eu fui capaz de entrar em contato com as minhas convicções limitadoras sobre a situação e livrar-me delas. Foram vários meses de uma árdua revisão interior para fazê-lo — para não falar nos problemas de insegurança masculina que vieram à tona.

As coisas sempre acontecem por uma boa razão. Vários anos depois, a minha filha caçula apresentou-nos ao seu novo namorado durante o fim de semana de visita dos pais à universidade. Você adivinhou: ele era negro. Fiquei satisfeito pelo fato de isso não me ter incomodado

**Nossos julgamentos estão
ligados às convicções.**

nada. Ele era um bom rapaz. Foi bom sentir que esse problema era coisa do passado.

Cada vez que você se livra de uma convicção limitadora, a vida vai ficando mais tranquila. A discussão mental só diminui. É a sua avaliação (percepção) dos eventos externos que cria a experiência que você tem deles. Se você não gosta do que está vivendo, pode sempre rever a sua avaliação do que está acontecendo.

A Atitude Positiva

Com a sua nova compreensão das vibrações energéticas, das formas-pensamento e do foco de atenção, agora você deveria ver claramente por que se põe tanta ênfase em ter uma atitude positiva — ou convicções positivas. As convicções positivas criam formas-pensamento positivas, que atraem eventos e circunstâncias positivas para a sua vida.

Eu costumava pensar que ter uma atitude positiva era algo que cada um de nós "deveria" ter para ser mais aceitável. Isso pode ser verdade, mas o verdadeiro impacto de ser positivo está relacionado com o seu estado de ser — o seu estado vibracional — e com o que ele atrairá para você.

As pessoas que apenas fingem ter uma atitude positiva podem ser mais aceitáveis, mas a atração que elas exercem continua de acordo com o modo como realmente estão vibrando — a energia que estão emanando atrairá as circunstâncias de sua vida. Assim, a mensagem é clara. Com o seu novo entendimento das bases do pensamento, você vai querer começar imediatamente a assegurar-se de que está determinado a ser positivo. Adote a atitude de que tudo o que acontece na sua vida acontece por uma boa razão. Isso o levará a um bom começo.

Em 1978, durante uma viagem de negócios a Chicago, fiquei sitiado pela neve no Aeroporto Internacional O'Hare por três dias. Cerca de um metro de neve cobria o chão e todos os vôos foram suspensos. No segundo dia, começou a faltar comida no restaurante, mães impotentes estavam oprimidas por crianças chorando e as pessoas estavam cansadas de toda aquela situação, principalmente por não saberem quando é que ela iria terminar.

A gama de atitudes que a situação evocava nas pessoas era surpreendente. Eu via de tudo. Alguns passageiros eram profundamente vorazes, indecentes e não pensavam em nada além de si mesmos. Eu imaginava o que eles deviam estar pensando sobre sua situação pessoal para estar tendo experiências tão horríveis. Em compensação, a maioria das pessoas colocava-se à disposição para ajudar, especialmente às pessoas com crianças pequenas.

As experiências das pessoas naquela situação estavam relacionadas com o que elas acreditavam que estava acontecendo. Na próxima vez que estiver envolvido numa situação desafiadora, olhe ao redor e veja se pode imaginar o que os outros poderiam estar acreditando para estar tendo esse tipo de experiência. Também é revelador incluir nisso a sua experiência. Quais convicções poderiam estar criando a sua experiência?

Aprendi muito com a minha amiga Maureen sobre a atitude positiva. Ela é a principal responsável por eu começar a acreditar que "tudo acontece por um bom motivo". A versão dela é que "tudo acontece para o melhor". Inicialmente, comecei a achar que essa atitude era uma crença, mas, quando aprendi mais sobre formas-pensamento e atração energética, pude ver a sua validade. Ela o mantém numa disposição mental positiva, não importando o que aconteça; assim você pode continuar a emitir energia positiva e a atrair circunstâncias positivas. Aqui está outra história verdadeira.

Por muitos anos, fui feliz por nunca ter furado um pneu ou ter o carro enguiçado na estrada. Esses inconvenientes sempre ocorreram onde podiam ser facilmente resolvidos. Isso mudou há cerca de seis meses. Eu estava indo do escritório para casa quando a embreagem do meu carro esporte falhou quando eu estava avançando num semáforo. Felizmente, não havia ninguém logo atrás de mim. O meu primeiro pensamento foi "estou curioso para saber qual será o benefício disso".

Depois de empurrar o carro para o acostamento, atravessei a estrada e telefonei para o socorro mecânico. Em trinta minutos, o carro estava em cima de um caminhão e seguíamos adiante. O motorista deixou-me na minha casa e entregou o carro na oficina Porsche, Equipe Stuttgart. Fiquei surpreso como tudo transcorreu facilmente.

No dia seguinte, Dusty, o meu mecânico, telefonou-me para dizer que tinha caído um grampo do cabo da embreagem — um problema mínimo. Perguntou-me se eu ainda estava interessado em vender o carro. Eu disse que estava. Ele, então, informou-me que, enquanto meu carro estava na oficina, um senhor havia ido lá perguntar onde comprar um bom Porsche usado. Esse cavalheiro gostou do meu 912E, e Dusty esperava ter feito bem por ter dado o meu número de telefone a ele. Vendi o carro ao mesmo senhor uma semana depois. O meu cabo da embreagem estragou por uma boa razão? Acho que depende daquilo em que você acredita.

Falando de atitude: como você descreveria a sua atitude sobre si mesmo? É positiva? Sim, eu sei, você pode dar-me um longa lista de todas as coisas que acha que estão erradas com você — o seu corpo não é perfeito (de acordo com os padrões de quem?), você fez coisas terríveis (quem diz?), você é isso, você é aquilo. Tudo bem, vá em frente, faça a lista e, então, sem julgamento, apenas aceite-se amorosamente. "Aceitar" não significa nada a não ser isso: aceitar — sem julgamentos. "É assim que eu me vejo. Eu me aceito. É bom ser eu." Diga isso: "É bom ser eu." Ótimo, de novo: "É bom ser eu."

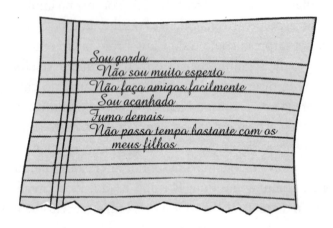

Por favor, observe que a sua lista de críticas sobre si mesmo (seja escrita ou mentalizada) é uma lista de convicções. Nada mais — nada menos. Elas podem ser mudadas. Lembre-se: suas convicções determinam a sua experiência. Você vive "você" como você definiu a si mesmo. O que você acredita sobre si mesmo deve ser o que você vive; doutro modo, você não acreditaria. Sim, exa-

AQUILO EM QUE VOCÊ ACREDITA, É O QUE VOCÊ CONSEGUE 71

tamente como as circunstâncias e eventos, o conceito que você tem de si mesmo é seu — as convicções que você tem sobre si mesmo.

Em 1981, eu tinha o que muitos procuram: um bom emprego, uma casa grande, uma esposa atraente e três filhinhas que eu adorava. Mas, num nível muito profundo, uma parte de mim queria ser livre, e deixei um casamento de dezessete anos. A culpa por destruir a vida de quatro pessoas a quem eu amava abalou profundamente a minha auto-estima.

Durante os seis anos seguintes, o universo refletiu de volta a obstinada convicção (invisível) de que eu tinha feito algo muito mau, pelo que merecia ser punido. O meu segundo casamento e diversos empregos de cargos executivos acabaram em decepção. Naturalmente, na época, eu não tinha idéia de que as minhas convicções estavam criando as minhas experiências.

Foram trechos de um ensaio que a minha filha Ellen escreveu candidatando-se a uma universidade que finalmente me deram uma nova perspectiva da situação.

Esse ponto de vista positivo fez com que eu começasse a examinar a minha convicção de que eu tinha prejudicado as minhas filhas. Dei-me conta de que a minha culpa era uma produção minha. Eu precisava ver a situação sob uma nova luz. Agora, treze anos depois, todas as três meninas terminaram a universidade e estão tendo vidas bem-sucedidas sem depender de mim.

"Meus pais se divorciaram no ano em que fiz 13 anos. Na época, pensei que essa era a maior tragédia que podia ter acontecido. Mas, quatro anos depois, apesar da tristeza e da confusão, isso criou para mim oportunidades e experiências maravilhosas.

Viajando para visitar o meu pai em diversos lugares, também tive de ficar responsável pela minha irmã mais nova. Nosso relacionamento tornou-se bastante próximo porque tínhamos que depender uma da outra.

Por causa do divórcio dos meus pais, tive que me tornar mais independente mais cedo do que eu poderia precisar. Acho que aprender a fazer muitas coisas por mim mesma, em vez de me apoiar em outras pessoas, ajudou-me na vida pessoal e escolar."

Ellen Doyle
Março de 1987

A aceitação de si mesmo, assim como você é, é o primeiro passo para que você passe a explorar as convicções limitadoras que adotou para si mesmo. A aceitação derruba a resistência em se sentir como você é e ajuda a manter positiva a sua energia. Ela também libera energia desperdiçada, de modo a que possa ser usada para alcançar e mudar aquelas convicções que você gostaria de mudar. Observe que eu disse "as que você gostaria de mudar". Você é livre para acreditar no que desejar. Mude apenas o que você quer mudar. Afinal, trata-se da sua vida.

O Que Eu Entendo por Experimentar e por Experiência

Neste texto, usei muito a palavra *experiência*. O que ela realmente significa? Como eu estou referindo, significa simplesmente estar em contato com o que você está sentindo. Esse é o único modo de, verdadeiramente, ter a experiência de alguma coisa — você precisa senti-la! Parece simples demais, mas o fato é que muitos de nós não nos permitimos sentir — conseqüentemente, não vivemos plenamente a experiência da vida.

Alguma vez você estava dirigindo na estrada e, de repente, observou que os últimos trinta quilômetros haviam passado sem que os notasse? Por quê? Porque estava com a sua atenção em algum outro lugar. Você deixou de experimentar (os sentimentos associados com) a bela paisagem campestre, a luz do sol refletida nas folhas outonais e os dois cervos pastando logo atrás da cerca branca.

AQUILO EM QUE VOCÊ ACREDITA, É O QUE VOCÊ CONSEGUE **75**

Há uma diferença entre ter a experiência de cumprir um itinerário de trinta minutos e a experiência de viver plenamente a viagem do escritório para casa.

Foi durante uma sessão de treinamento de Terapia Hakomi, alguns anos atrás, que eu finalmente observei essa diferença. Nela, o importante é fazer com que seus clientes entrem em contato com o que estão vivendo fisicamente (sentindo) no momento atual sobre uma situação anterior, em vez de mentalizar (falar sobre) isso. O termo "estar alerta" é usado para descrever esse conceito.

Assim, para realmente viver plenamente alguma experiência, você precisa estar alerta — precisa colocar a sua atenção no modo como está se sentindo. Na próxima vez em que estiver dirigindo o carro, veja se pode fazer a viagem de um modo um pouco diferente.

Alguma vez você já "desligou alguém" porque não queria ter a experiência (a sensação) de ouvir ou de estar com a pessoa? Tenha cuidado para não estar "se desligando" de grande parte da sua vida.

De tempos em tempos, todos tentamos comunicar aos outros o modo como nos sentimos. Palavras como "amor", "feliz", "alegre" e "animado" são símbolos verbais para expressar graus variados do sentir-se bem. "Aborrecido", "ódio", "pesaroso" e "zangado" são símbolos para o sentir-se mal. E a experiência que você tem ou lhe dá uma boa sensação ou não. Independentemente de como se chega a ele, para todos nós o sucesso é encontrar o que nos faz sentir bem. E o único momento para sentir qualquer coisa (viver sua experiência) é o momento presente — *agora* mesmo. Epa! — esse "agora" já passou — foi-se para sempre.

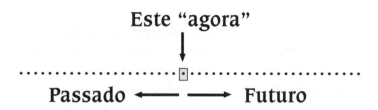

A linha de tempo da vida é realmente uma linha infinita de períodos muito curtos de "agora" — o momento presente. Os períodos de "agora" que já aconteceram nós chamamos história ou passado. Não podemos mais vivê-los. É isso mesmo: não podemos mais vivê-los!

"Porém", você diz, "eu sofro muito por coisas que aconteceram no passado." Isso pode ser verdade, mas você não está vivendo o passado; está vivendo as suas *convicções* sobre ele. Essa é outra daquelas sutis distinções que são absolutamente profundas. O mesmo vale para o futuro. É a sua história ou convicções — geralmente na forma de preocupação — que causarão a ocorrência de "agoras" desagradáveis. Não é surpreendente como é fácil desviar-se de desfrutar cada "agora-Vida"!?

AQUILO EM QUE VOCÊ ACREDITA, É O QUE VOCÊ CONSEGUE 77

A importância de estar conscientemente atento ao seu estado de ânimo durante o "agora" presente tem muito que ver com estabelecer a sua experiência de futuros "agoras". Se você é positivo neste "agora", está deliberadamente concentrado nos seus desejos para o futuro e não tem convicções limitadoras em relação à sua capacidade de criá-los, pode contar com eles manifestando-se para você. Infelizmente, muitos de nós temos dúvidas sobre as nossas capacidades — apenas convicções, mas elas têm um efeito anulador sobre a nossa capacidade de criar. Como mencionei antes, o medo, a preocupação e a dúvida são as condições limitadoras mais fortes para a maioria de nós.

Mary Burmeister, fundadora da Jin Shin Jyutsu Inc., diz: "A preocupação é uma prece pelo que você não quer" e "O Medo é: Falsa Evidência Parecendo Real".* Igualmente, ouvi em algum lugar que a preocupação é como uma cadeira de balanço: ela lhe dá o que fazer, mas não o leva a lugar nenhum. Quando você puder remover as convicções limitadoras que estão por trás do medo, da preocupação e da dúvida, a sua vida começará a fluir mais suavemente.

---

* Em inglês FEAR (medo) = *False Evidence Appearing Real.*

Por Que Você Não Está Conseguindo o Que Quer

Nesta altura, deveria estar claro que o que o impede de realizar todo o seu potencial, ou os seus sonhos, são as fortes convicções limitadoras que você alimenta. Além disso, a mais crítica de todas as suas convicções está ligada às convicções limitadoras que você tem sobre si mesmo.

Ninguém jamais pode ir além da imagem ou do conceito que tem de si mesmo. É impossível — as convicções determinam a sua experiência. Se você não pode ver a si mesmo fazendo ou sendo, esqueça. Não acontecerá. Por outro lado, se você puder agarrar-se ao sonho e eliminar todas as convicções limitadoras que dizem que não pode, você consegue!

Com toda a informação de auto-ajuda disponível hoje, por que as pessoas não estão todas felizes e por que não conseguem sempre o que querem? Por que tantas pessoas estão se esforçando para alcançar alguma coisa só para desistirem, frustradas?

A quantas oficinas de trabalho motivacional ou de auto-ajuda você foi só para ver-se despojado daquela empolgação depois de um curto período de tempo? Em que você acha que realmente acredita uma pessoa que afirma cinqüenta vezes por dia: "Sou rico. Sou Rico. Sou rico." Adivinhou: na verdade, ele acha que *não* é rico.

Ele também está fortalecendo a forma-pensamento que já o está impedindo de ser rico. Ele logo verá que seus esforços não dão resultados e desistirá, frustrado. A convicção limitadora dele poderia estar ligada ao dinheiro, mas, mais freqüentemente, está ligada a uma convicção pessoal, como a de que não merece ou alguma outra coisa desse tipo.

Uma das lições que tive que aprender do jeito mais difícil, quando comecei a explorar os sistemas de convicções, lá por 1988, foi a de que as experiências são determinadas pela soma total das suas convicções e pelo seu foco mental, a sua atenção — e não apenas a experiência que você, seletivamente, pretende criar.

Decidi que, uma vez que eu tinha todo esse conhecimento profundo de como o universo funciona, na manhã seguinte eu levantaria e simplesmente criaria o que quisesse. Bem, não funcionou e, como você pode adivinhar, fiquei muito frustrado e com raiva de mim mesmo. Acho que eu tinha uma convicção invisível sobre como aprendo as coisas — do jeito mais difícil.

Como vimos, as convicções podem ser potencializadoras ou limitadoras. As limitadoras negam ou subtraem as crenças e desejos potencializadores. O que você consegue quando soma +2 e –2? Você está certo — zero!

Essa é a parte que eu não havia captado. Eu ainda estava preso à convicção de que, se tentasse acreditar com bastante força no que eu queria, não teria que dar atenção às minhas limitações. Eu não achava que tivesse muitas. De qualquer modo, é só me perguntar.

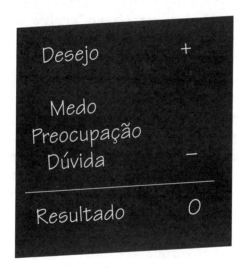

Mas lá estava eu, usando a minha velha convicção: "Se eu tentasse bastante, poderia conseguir." Logo aprendi que convicções antigas continuam a ganhar força e a ficar dominantes. Depois que me dei conta do que estava acontecendo, redirecionei meus esforços para trabalhar as minhas despesas — as minhas convicções limitadoras. Sim, eu achei algumas — muitas. Depois de algum tempo, descobri-las tornou-se um prazer. Isso significava que eu estava a um passo de ficar livre.

Para usar uma analogia, veja a ilustração da folha de balanço. Aqui, como na contabilidade tradicional, há duas colunas: as receitas (convicções potencializadoras) na esquerda e as despesas (convicções limitadoras) na direita. Cada lado é calculado para obter o "total das receitas" na esquerda e o "total das despesas" na direita.

À primeira vista, podemos ver que a velha convicção limitadora, "EU NUNCA CONSIGO O QUE QUERO", é muito forte e poderosa pelos anos em que recebeu acréscimos de energia. Levará uma eternidade para acrescentar suficientes convicções do tipo "Eu sou rico" no lado esquerdo do balanço para superar a força dessa convicção limitadora. Em primeiro lugar, "eu sou rico", nesse caso, não é realmente uma convicção — é apenas uma afirmação. É um desejo ou, melhor, uma esperança. Se fosse uma convicção, não precisaria ser repetida constantemente. Além disso, toda vez que ela é repetida, a verdadeira convicção "EU NUNCA CONSIGO O QUE QUERO" fica mais forte para cumprir a sua intenção original — garantir que você não consiga.

Existem, basicamente, duas convicções limitadoras agindo aqui:

1. "Eu nunca consigo o que quero."
2. "Não sou rico." (implícito)

Folha de Balanço

	Receitas	Despesas
1	Potencializadoras	Limitadoras
2		
3	"Eu sou rico"	"EU NUNCA
4	"Eu sou rico"	
5	"Eu sou rico"	CONSIGO
6	"Eu sou rico"	
7		O QUE QUERO"
8		
9		
10		
11		
12		
13		
14		
15		
16		
17		
18		
19		
20	Total das Receitas	Total das Despesas

Para qualquer melhora real nessa situação, a convicção "EU NUNCA CONSIGO O QUE QUERO" precisa ser eliminada.

Há inúmeros livros, fitas e cursos de desenvolvimento pessoal disponíveis — todos com boas intenções e benefícios reais. Em muitos casos, entretanto, o benefício é temporário, e por uma boa razão. Muitas técnicas não se dirigem à *causa* das suas experiências. Elas tentam implementar novas técnicas que procuram dominar e contornar a situação antiga para criar o novo estado desejado. Essa abordagem requer esforço constante e diligências contínuas que logo se tornam cansativos e aborrecidos — geralmente o estudante, frustrado, desiste.

A principal razão para o sucesso limitado remete ao que estivemos discutindo — a causa — as convicções limitadoras. Antigas convicções limitadoras precisam ser removidas. Tentar dominá-las não é o melhor uso que se pode fazer do tempo e da energia. O que se requer para uma mudança *permanente* na sua experiência é a passagem de um esforço na tentativa de dominar as convicções antigas com novas para um esforço na identificação e simples dissolução das convicções que não mais servem a você. Essas convicções limitadoras podem ter sido apropriadas quando você era uma criança, mas elas são um obstáculo para você como adulto.

É como plantar um jardim de flores. Se você não cultivar o solo e não arrancar todas as ervas daninhas antes de plantar, acabará com um campo de ervas daninhas que tem algumas flores no meio dele. Trata-se de uma melhora, mas não é o resultado desejado. Cultive o solo, remova as ervas e, então, plante as suas sementes: em pouquíssimo tempo você terá um jardim maravilhoso com as suas flores favoritas.

Uma Nova Abordagem

Dissolva as convicções limitadoras antigas.

Um outro modo de enxergar o mesmo conceito é imaginar como tentar acertar na mosca num alvo no outro lado de um milharal. As canas de milho (convicções limitadoras) resistem e desviam o trajeto da flecha. Em vez de tentar forçar a flecha através do milharal puxando a corda com mais força, simplesmente remova as canas de milho entre você e o alvo. Agora, com uma mira precisa e uma puxada normal, acertar na mosca está garantido.

As pessoas desperdiçam muito esforço e dinheiro procurando modos de conseguir o que querem — felicidade, dinheiro, amor, trabalho — só para depois desistirem, frustradas. O segredo é cuidar de dissolver as barreiras — as convicções limitadoras que estão gerando as frustrações e os medos da sua vida.

——— Três———

Consiga o Que Você Quer

Mantenha um Ambiente Positivo

Vamos tomar o conhecimento que você ganhou e fazê-lo trabalhar a seu favor. A primeira coisa para ser lembrada é que você terá, durante algum tempo, os resultados das formas-pensamento que pôs em movimento no passado. Reconheça que isso ocorrerá e comece a trabalhar a

partir desse momento para planejar deliberadamente as experiências que deseja ter no futuro.

O que você precisa fazer é criar um ambiente positivo para si mesmo, enquanto explora escolhas anteriores que continuarão a influenciá-lo. Comece a criar uma atitude positiva sobre a sua vida estabelecendo a sua versão de que "Tudo acontece para o melhor". Digo a "sua versão" porque isso é o que importa. São as *suas* convicções que contam — não as minhas.

Desenvolva a sua versão e fortaleça a forma-pensamento, quando acontecer alguma coisa para você que de início poderia não parecer favorável, lembrando-se de que "tudo acontece para o melhor". Isso exigirá alguma prática; mas, à medida que você fortalece a forma-pensamento, notará uma diferença na sua resposta emocional. Adote a filosofia de que você sempre pode aprender alguma coisa com cada experiência.

Para reforçar mais o seu ambiente, concentre-se nas coisas positivas ao seu redor. Veja o copo meio cheio, em vez de vê-lo meio vazio. Certifique-se de que concentra a sua atenção no que quer e não no que não quer. Se quer mais dinheiro, concentre-se em como obter mais — não no fato de que não tem o bastante. Mantenha sempre em mente o que aprendeu sobre formas-pensamento — você não quer usar a sua energia para fortalecer as convicções limitadoras. Mantenha a atenção concentrada nos seus desejos e metas — fortaleça essas formas-pensamento. Sua intenção dominante deveria ser manter a sua energia positiva. E você sabe o que isso significa: quanto mais você fica positivo, mais atrai experiências positivas.

Há vezes, todavia, em que você não se sentirá positivo: isso é ser humano. Não o estou encorajando a negar ou evitar sentimentos ou situações desagradáveis. Passar por elas é uma parte importante do seu processo de crescimento. Eu estou dizendo para passar por elas — mas ir adiante tão logo quanto possível. Desenvolva a sua capacidade de reagir emocionalmente. À medida que você remove as convicções limitadoras, conseguir isso vai se tornar cada vez mais fácil.

Eu tenho um amigo que foi orientado por um conselheiro que para livrar-se dos seus medos precisava passar por eles. Isso pode ser verdadeiro, mas a experiência não precisa durar anos — a experiência e a libertação podem ser feitas em questão de minutos.

Eu costumava me divertir com a minha equipe de gerentes quando alguma coisa saía errada e todos nós nos sentíamos desencorajados. Eu dizia: "Tudo bem, vamos sentar aqui, chupar o dedo por cinco minutos e esquecer isso." Nós fazíamos isso e funcionava. Por quanto tempo você pode sentir-se deprimido vendo cinco outros homens adultos chupando o dedo?

Tenha Fé em Si Mesmo

Também é importante que você tenha fé (convicção) em que pode fazer as mudanças que decidiu fazer na sua vida. Se você tem a convicção de que não pode ajudar a si mesmo a mudar, pare onde está porque a sua desconvicção negará qualquer coisa que tente fazer. Lembre-se: você só pode mudar aquilo cuja responsabilidade você está querendo aceitar. Assim, crie a sua versão do "Eu sou responsável pelas minhas experiências e posso mudar a minha vida para melhor". Você pode fazê-lo! Apenas acredite. Acredite em você mesmo.

Eu o encorajaria a não estabelecer expectativas de que tudo na sua vida mudará como que por milagre da noite para o dia. Se mudar, é maravilhoso. Baseado na minha experiência, entretanto, isso pode exigir um pouco de paciência da sua parte. Isso pode parecer uma afirmação limitadora, mas eu preferiria ver você fazer progressos positivos e firmar-se neles do que tentar pegar a Lua e

CONSIGA O QUE VOCÊ QUER

ficar frustrado. A sua biblioteca de convicções foi construída durante anos; será preciso um pouco de pesquisa para chegar ao inventário. Contudo, o momento de começar o processo de mudança é agora mesmo.

Processo é uma palavra forte. Um processo é algo que acontece ao longo do tempo. A mudança é um processo. Infelizmente, a maioria de nós quer que a mudança seja um evento — resultados instantâneos. A própria vida é um processo — sempre em mutação, sempre em desenvolvimento. Você provavelmente está querendo saber quanto tempo levará o seu processo de mudança. Realisticamente? Para sempre! Não entre em pânico — você vai querer continuar o seu próprio processo de crescimento e mudar para ampliar e aprofundar as suas experiências — indefinidamente. Você se torna compulsivo. O crescimento pessoal é um processo vitalício. Assim, mude o que quiser mudar — no seu próprio ritmo. Você está vivendo o seu mundo. Você dá as cartas.

Aumente a Consciência de Si Mesmo

Com o ambiente emocional apropriado estabelecido e com a confiança de que pode conseguir, você agora precisa expandir a consciência de si mesmo, de modo que possa começar a reconhecer as suas convicções limitadoras.

Completando Frases

Uma das maneiras mais fáceis de trazer à tona as suas convicções é fazer alguns exercícios, simples, de completar frases. A idéia envolve completar espontaneamente os finais de certas frases para deixar que o subconsciente faça emergir informações sem censura. Quando você envolve os seus processos de pensamento lógicos e racionais, começa a julgar a informação e o livre fluxo dela cessa. O Apêndice contém exercícios para ajudá-lo a trazer à tona algumas das suas convicções. Para compreender melhor a idéia, dê uma olhada em alguns exemplos na lista abaixo:

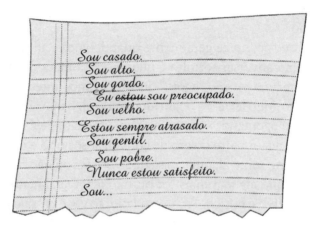

*Sou casado.
Sou alto.
Sou gordo.
Eu estou sou preocupado.
Sou velho.
Estou sempre atrasado.
Sou gentil.
Sou pobre.
Nunca estou satisfeito.
Sou...*

Note o número de convicções limitadoras que vieram à tona. Alguma delas lhe parece familiar?

Monitore-se ao Conversar Sozinho

Monitorar-se ao conversar sozinho é uma maneira excelente de começar a coletar dados sobre as convicções que você mantém. Conversar sozinho é a conversação mental e/ou verbal constante que acontece enquanto você faz as suas coisas. É falar consigo mesmo. Para mim, geralmente, é uma conversa mental. Fico feliz em dizer que, desde que comecei a remover formas-pensamento limitadoras, dez anos atrás, grande parte da minha conversa interior crítica desapareceu. Agora posso encontrar tempo para apenas viver o momento. Você pode fazer o mesmo.

O que acontece geralmente quando você está envolvido em conversar sozinho é que não está mentalmente presente para viver o "agora" que discutimos antes. Conversar sozinho leva-o a ficar ruminando algo que já aconteceu ou agoniando-se com algo que teme que vá acontecer. A maior parte do ato de conversar sozinho é muito limitadora, sobre alguma coisa que você fez ou não fez ou sobre o que alguém mais fez ou não fez. Geralmente, é improdutivo e crítico. Por outro lado, se você passa o dia dizendo para si mesmo como você é maravilhoso, isso é ótimo.

Você pode aprender muito sobre as suas convicções limitadoras sendo um observador da sua conversa interior. Faça de conta que você é um detetive particular em miniatura; sente-se no seu ombro e faça anotações. No que essa pessoa está concentrada? Ouça as suas próprias convicções. Faça uma lista delas. Quantas delas são autocríticas? A autocrítica é muito limitadora. Aprenda a gostar de se surpreender no ato. "Ah-ah! Te peguei de novo."

Uma outra abordagem à conversa interior seria pedir a um ouvinte comprometido, como a sua esposa, outra pessoa importante ou um amigo de confiança para ajudá-lo a fazer a lista do que eles ouvem você dizer, especialmente quando está aflito. Mas certifique-se de que está pronto para isso — sem negações, sem ficar na defensiva e, por favor, não dê um tiro neles. Apenas observe as convicções que eles registraram e decida o que quer fazer com elas. Algumas delas estão limitando você?

Observe os Seus Reflexos

Outra técnica para aumentar a sua consciência é monitorar os seus reflexos no espelho universal. Lembre-se de que, como se viu na discussão sobre espelhamento, os eventos, circunstâncias e pessoas que aparecem na sua vida estão ali para espelhar o que você está projetando no universo. Para ilustrar o que quero dizer com eventos que se refletem de volta para você, vou compartilhar com você uma experiência pessoal.

Uma das minhas idiossincrasias é a organização. Tudo tem que estar no lugar e as coisas devem ser mantidas limpas e arrumadas o tempo todo. Normalmente, esse traço é uma receita; mas, levado a extremos, torna-se uma despesa. Uma das coisas que me irritam são pêlos soltos — pêlos de gatos, de cachorros ou cabelos humanos; não importa. Há anos, tenho muito poucos; felizmente, minha antiga parceira gostava de carecas. Os cabelos dela eram lindos — longos e castanhos.

Cerca de dois anos atrás, eu estava sentado no banheiro, muito irritado por causa dos fios de cabelo castanho que vi sujando o chão. Minha conversa mental sobre ela não limpar essa sujeira foi muito crítica. Enquanto estava lá, cada vez mais irritado, tive um pensamento que me sacudiu: "Oh, meu Deus, e se ela não tivesse nenhum cabelo?"

Nesse momento, alguma coisa mudou e o cabelo no chão tornou-se um lembrete de como eu tinha sorte por ela fazer parte da minha vida. Chorei de alegria. A sua esposa não recoloca a tampa no tubo da pasta de dentes ou põe o rolo de papel higiênico ao contrário? Excelente! Agora, você tem um lembrete, também, de como tem sorte.

Se você ainda não começou a fazer uma lista dos reflexos que o incomodam, por favor, comece uma e continue a atualizá-la à medida que surgirem as situações. Quando encontra situações que o surpreendem, pergunte a você mesmo. "O que eu acho que está acontecendo aqui?" Anote a sua resposta. No Apêndice, darei algumas dicas sobre como lidar com essa informação.

Mantenha em mente, também, o que eu disse sobre os reflexos das outras pessoas. O julgamento que você faz de outra pessoa é um julgamento que você está projetando. Você está, essencialmente, julgando a si mesmo. Por exemplo, se observa o comportamento de outra pessoa e a rotula de "sabe-tudo", o que isso diz de você? A minha opinião é que isso reflete a sua insegurança sobre "não saber-tudo".

Quando você julga, há um aspecto da sua personalidade que não foi aceito. Provavelmente, isso está relacionado a não sentir-se esperto o bastante ou talvez sentir-se inadequado por não ter um diploma ou algum outro nível aceitável (para você) de formação ou treinamento. Se você se sentisse bem consigo mesmo, o comportamento de outra pessoa não iria surpreender você.

Isso é o espelho: ele reflete para você informações para aprender mais sobre si mesmo. Quando você nota que está julgando alguém, pergunte: "Se é isso o que eu acho daquela pessoa, o que isso revela sobre mim?" Lembre o que eu disse antes sobre não julgar a si mesmo pelo fato de julgar os outros. Levará algum tempo para mudar os seus julgamentos — se você se decidir a fazê-lo. Nesse meio-tempo, agradeça a si mesmo por ter estômago para trabalhar nisso.

Remova as Formas-pensamento Limitadoras

Para remover as formas-pensamento limitadoras, você usa o mesmo método que usou quando as adquiriu. Você usou a *escolha*. Para removê-las, também usa a escolha. Você apenas se decide a removê-las. Isso pode parecer simples demais, mas é assim que funciona. Há várias técnicas patenteadas que detalham processos para remover as formas-pensamento indesejáveis, mas o elemento básico da remoção é o aspecto da escolha.

O efetivo ato de remoção é simples, mas o desafio, para a maioria das pessoas, é chegar até esse ponto — mentalmente. Você pode imaginar que está "caminhando sobre brasas" sozinho se lesse num livro que tudo o que tinha que fazer era concentrar-se na convicção de que estava caminhando num gramado aveludado e úmido? Eu não acho que você iria tirar os sapatos antes de ter algum treinamento. As técnicas para remover as formas-pensamento são da mesma natureza. A confiança deve ser construída com experiências menores de sucesso antes que a maioria das pessoas acredite que pode fazê-lo. Todos nós temos convicções sobre o que pode e o que não pode ser feito. Primeiro, é preciso cuidar delas. Além disso, quando você remove uma forma-pensamento limi-

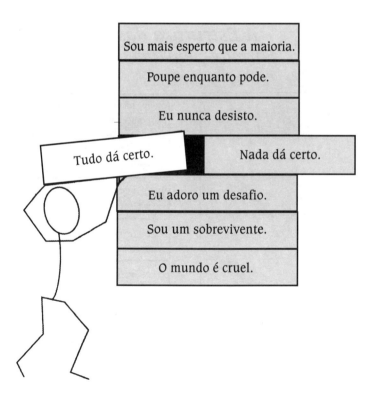

tadora, é uma boa idéia substituí-la por uma potencializadora. Aqui temos um exemplo simples.

Digamos que você descobriu a convicção limitadora de que "Nada nunca funciona para mim".

Primeiro, ponha toda a sua concentração nessa convicção, depois diga para si mesmo lenta e deliberadamente, seja verbal ou mentalmente: "Eu tenho a convicção de

A Estrutura das Formas-pensamento

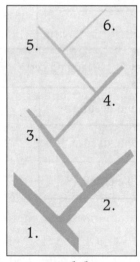

6. Eu não consigo me virar como conseguia.

5. Eu não consigo fazê-lo feliz.

4. O meu patrão nunca gostou de mim.

3. Nunca conseguirei entrar na faculdade.

2. Não consigo ler o quadro-negro.

1. Tem alguma coisa errada comigo.

Modelo de Cacho de Uvas

Modelo de Lista

CONSIGA O QUE VOCÊ QUER 103

que 'Nada nunca funciona para mim' e me decidi a removê-la do meu sistema de convicções porque ela me limita." É só o que é preciso. Para substituí-la, apenas escolha uma nova. "Eu escolho substituí-la por 'Tudo o que faço favorece os meus maiores interesses'."

Se você se lembrar da estrutura de videira das formas-pensamento, notará que, cada vez que remove uma delas, vai descendo pela videira até chegar à forma-pensamento que é a causa-raiz.

Outro modo de ver isso seria converter os ramos de cada galho numa lista com a forma-pensamento "raiz" na base da lista, como na figura. As formas-pensamento semelhantes geradas subseqüentemente ficam em cima das criadas antes. A gerada mais recentemente ficaria, portanto, no topo da lista (a ponta do ramo).

Para as pessoas com confiança para avançar na remoção das formas-pensamento limitadoras, aqui está o segredo que finalmente aprendi. Use a técnica de remoção das formas-pensamento também para as suas dúvidas. A dúvida era o que me levava a parar. "Funcionou? Estou fazendo certo? Hoje, parece que não está funcionando. Alguma coisa está errada. Preciso de mais experiência. Preciso de ajuda." Todos os pensamentos dessa natureza atrapalharão o seu progresso porque, como você aprendeu, as formas-pensamento trabalharão para tornar-se realidades. Quando você pensa "Alguma coisa está errada", adivinhe o que acabou de criar. Assim, quando uma dúvida aparece, use a técnica para livrar-se dela e vá adiante.

Aqui Está Outro Exemplo

Digamos que você quer remover a convicção limitadora "Ninguém se preocupa com o que eu tenho a dizer". Quando você começa, está pensando "Não sei bem se eu sei como fazer isso direito". Essa agora torna-se a convicção limitadora com a qual você tem de lidar. Comece com "Eu tenho a convicção de que 'Não sei bem se eu sei como fazer isso direito' e decido removê-la do meu sistema de convicções porque ela me limita".

Então você pensa: "Não sei bem se isso funciona." Faça a mesma coisa. "Tenho a convicção de que 'Não sei bem se isso funciona' e decido remover isso do meu sistema de convicções porque isso me limita."

Então volte à convicção limitadora original: "Ninguém se preocupa com o que eu tenho a dizer." Se aparecer outra dúvida antes que a remova, trate-a do mesmo modo: remova-a. No início, não fique surpreso se aparecer uma série dessas dúvidas desagradáveis. Apenas congratule-se com você mesmo por ter encontrado outra convicção e a remova. Vá em frente — será cada vez mais fácil.

Continue Explorando

É minha esperança que a informação que você acabou de ler o instigará a explorar mais o quanto as suas convicções têm influência sobre as experiências da sua vida. O Apêndice contém alguns exercícios simples para ajudá-lo a aumentar a sua consciência.

O meu desejo é que cada pessoa do planeta — especialmente os nossos jovens — conheça as bases do pensamento e do poder que todos temos à nossa disposição para projetar a nossa vida deliberadamente. Todos temos a capacidade inata de criar qualquer coisa que possamos imaginar. O universo holográfico é estruturado energeticamente para tornar todos os desejos realidade se não forem enfraquecidos por convicções conflitantes criadas anteriormente. Somente as suas convicções contêm você.

Eu gostaria de deixá-lo com mais uma idéia: a forma-pensamento que atrairá as circunstâncias mais positivas para a sua vida é "Eu me amo".

Apêndice

Sugiro que você faça os exercícios do Apêndice num caderno, de modo que possa guardar o seu trabalho para futuras consultas. Ele dará a você uma excelente escala para avaliar o seu progresso.

Complete as Frases

Num caderno, escreva tantos finais quantos possa, tão rapidamente quanto possa, para as frases "Eu sou _____" em cada categoria. Deixe a sua mente fluir livremente. Suas respostas não precisam ser lógicas ou fazer sentido.

Eu sou _____.
(Características Físicas)

Eu sou _____.
(Emocional)

Eu sou _____.
(Mental)

Eu sou _____.
(Social)

Eu sou _____.
                        (*Carreira*)

Eu sou _____.
                (*Relacionamentos*)

Eu sou _____.
                        (*Amor*)

Eu sou _____.
                        (*Família*)

Do mesmo modo, complete tantas das seguintes frases quantas puder:

_____ faz-me sentir feliz.
_____ faz-me sentir triste.
_____ faz-me sentir com raiva.
_____ faz-me sentir culpado.
Os homens são _____.
As mulheres são _____.
Os bebês são _____.
Os bichinhos são _____.
O dinheiro é _____.
As pessoas são _____.
O sexo é _____.

APÊNDICE

A vida é _____ .
O amor é _____ .
Eu sou uma pessoa _____ .
Eu posso _____ .
Eu não posso _____ .
Eu deveria _____ .
Eu não deveria _____ .
É errado _____ .
Eu sou muito _____ .
Eu _____ a mim mesmo.

Depois de completar o exercício, faça uma anotação ao lado de cada uma das suas respostas para convicções potencializadoras (P) e convicções limitadoras (L). Muito esclarecedor, não é? Quantas dessas convicções limitadoras gostaria de eliminar?

Reflexões

Para começar o processo, selecione um item da sua lista de coisas que o incomodam — um que tenha uma grande carga emocional sobre você. Alguma coisa que realmente o perturbe. Anote no caderno as respostas para as seguintes perguntas para o item que você selecionou.

1. Quando notou sentimentos desagradáveis, o que achou que estava acontecendo?
2. Pode pensar em outra convicção que também poderia ser válida nessa situação?
3. Em quantas outras convicções você pode pensar?
4. Vendo que existem outras convicções (perspectivas), agora você pode se livrar da convicção original que tinha, sabendo que é apenas uma de muitas perspectivas?

APÊNDICE · 111

Exemplos

Aqui está um exemplo. Situação: "Toda vez que alguém entra na sala do meu patrão e fecha a porta, fico preocupado."

1. Quando notou sentimentos desagradáveis, o que achou que estava acontecendo?

"Senti como se eles estivessem falando de mim."

2. Pode pensar em outra convicção que também poderia ser válida nessa situação?

"Eles podem ter estado falando sobre alguma outra pessoa."

3. Em quantas outras convicções você pode pensar?

"Eles podem não ter estado falando sobre ninguém. Eles podem ter estado discutindo o desempenho dele ou dela. Podem estar elaborando um cronograma. Ele ou ela pode ter feito apenas uma consulta sobre uma atribuição de trabalho."

4. Vendo que existem outras convicções (perspectivas), agora você pode se livrar da convicção original que

tinha, sabendo que é apenas uma de muitas perspectivas?

"Deus, como fui tolo em supor que só porque a porta está fechada eles estão falando de mim! Há muitas coisas que eles poderiam estar discutindo. Você sabe, isso me lembra de quando eu era jovem. Quando meu pai chegava do trabalho, ele e minha mãe ficavam conversando no quarto deles com a porta fechada, enquanto ele trocava de roupas. Se ela contava que eu não tinha me comportado bem durante o dia, ele me dava uma surra. Acho que quando as pessoas estão falando com as portas fechadas no escritório, parece o mesmo. De agora em diante, não vou supor que as pessoas estão falando de mim quando a porta do escritório estiver fechada — isso é ridículo."

Levar a situação para esse novo nível de consciência costuma resolver a questão.

Pontos Resumidos para Reflexão

Os pensamentos existem como formas-pensamento.

Os pensamentos geram sentimentos.

As formas-pensamento existem para realizar o seu objetivo.

As formas-pensamento atraem formas-pensamento semelhantes.

Os pensamentos que aceito como verdadeiros tornam-se as minhas convicções.

As convicções são formas-pensamento especializadas.

As convicções determinam as minhas experiências.

A soma das minhas convicções compõe o meu sistema individual de convicções.

O meu sistema individual de convicções gera a minha assinatura energética.

A minha assinatura energética atrai as circunstâncias da minha vida.

As convicções são potencializadoras ou limitadoras.

As convicções limitadoras inibem a expressão do meu verdadeiro eu.

Aquilo em que eu concentro a minha atenção expande-se na minha vida.

A atenção fortalece as formas-pensamento.

Eu mantenho a minha atenção concentrada nas minhas metas.

A responsabilidade por mim mesmo cria energia interior.

Os eventos externos (experiências) da minha vida são determinados pelos meus eventos internos (as minhas convicções).

APÊNDICE

O universo reflete de volta para mim as minhas convicções.

Os julgamentos, o medo, a preocupação e a dúvida estão todos ligados a convicções limitadoras.

É importante ser positivo para atrair circunstâncias positivas.

Tudo acontece para o melhor.

Experimentar é sentir.

Só posso viver o momento presente — agora.

Eu vivo as minhas convicções sobre o passado — não o próprio passado.

As convicções limitadoras negam os meus desejos.

As convicções limitadoras antigas tornam-se mais fortes quando desafiadas.

As convicções são adquiridas e removidas por escolha.

Sou positivo.

Acredito em mim mesmo.

Aumento a consciência que tenho de mim mesmo.

Removo as formas-pensamento limitadoras que decido remover.

Eu crio o que quero.

Eu amo a mim mesmo.

A soma de todas as minhas convicções compõe o meu sistema de convicções.

A convicção precede a experiência.

Minha assinatura energética atrai as circunstâncias da minha vida.

Todos têm a sua própria verdade.

Aquilo em que eu me concentro expande-se na minha vida.

Os julgamentos estão ligados às convicções.

Dissolvo convicções limitadoras antigas.

"Se você realmente
acredita em alguma coisa,
nunca desista — especialmente
se é em você mesmo.

Autoconfiança
Fator Indispensável para o seu Sucesso

Rex Johnson e *David Swindley*

Se a sua vida não vai bem, talvez esteja na hora de fazer uma revisão radical em sua auto-imagem. Lembre-se de que você tem direito à saúde, à felicidade e ao sucesso. Mas o que você conseguir alcançar vai depender da sua auto-estima.

Este livro revigorante e extremamente prático apresenta, de forma clara, sugestões para desenvolver a sua auto-estima. Repleto de conselhos práticos, de exemplos e de exercícios, ele o ajudará a sentir-se mais descontraído e motivado. Sua aparência e seu estado de saúde melhorarão, o que o levará a ter uma postura melhor e mais confiança em si mesmo. Em suas páginas, seus autores lhe dirão algo sobre:

- *Dezesseis pistas para reconhecer uma auto-imagem deficiente.*
- *Como começar a entender a si mesmo.*
- *Como mudar sua auto-imagem.*
- *Um esquema para desenvolver a auto-estima em trinta dias.*
- *Como aumentar a auto-estima da sua família e dos amigos.*

Autoconfiança ajudará você a melhorar a imagem que você tem de si mesmo e a descobrir todo o seu potencial. Você passará a encarar os desafios com disposição, agarrando as oportunidades e caminhando com firmeza rumo à felicidade e à realização de seus objetivos.

* * *

REX JOBNSON é psicoterapeuta e adepto da medicina holística. Há vinte anos vem ajudando as pessoas a desenvolver seu potencial e a recuperar a saúde física.

DAVID SWINDLEY é psicoterapeuta e hipnoterapeuta. Junto com Rex Johnson, fundou o Dynamic Living Institute, que oferece cursos em áreas de desenvolvimento pessoal, tanto para clientes particulares quanto para empresas.

EDITORA PENSAMENTO

Ouse Ser Você Mesmo

Um livro dedicado à sua jornada
Pessoal de autoconhecimento

Alan Cohen

"O sucesso é um direito seu. Fracassar é impossível. Dedique-se a realizar a missão que o destino lhe reservou. Seja quem você é."

O trecho acima resume os desafios que o autor faz aos leitores deste livro.

Neste guia para a autodescoberta, Alan Cohen recorre a fontes tão díspares quanto o Budismo e a Bíblia, Gandhi, Einstein e o livro *Um Curso de Milagres*, comunicando também muitas das revelações que ele mesmo recebeu no caminho espiritual. Alan mostra como podemos nos libertar do passado, superando o medo e descobrindo a necessidade fundamental do amor na vida. Uma vez iniciado o caminho que o levará a ser você mesmo, cada desafio será uma nova oportunidade de crescimento, cada escolha uma lição de autoconfiança, cada relacionamento uma renovação da obra de Deus.

Ouse Ser Você Mesmo é um livro que trará mais luz, vigor e entusiasmo à sua vida, fazendo-o despertar para o amor e para os dons que só você pode oferecer ao mundo.

* * *

"O modo como Alan Cohen abre o seu coração [...] transmite uma força positiva e dinâmica que contribui significativamente para a cura da humanidade."

Gerald G. Jampolsky

"Alan Cohen é dotado de uma qualidade tão rara quanto preciosa: ele inspira felicidade. A mensagem que ele nos passa é tão pura quanto o seu coração."

Hugh Prather

EDITORA CULTRIX

É Fácil Viver Bem

Norman Vincent Peale

É FÁCIL VIVER BEM é um livro estimulante e consolador. Em todas as suas páginas, o leitor ou a leitora encontrará, ministrados em linguagem viva e de fácil entendimento, conselhos preciosos sobre como adquirir uma compreensão madura da vida e a tranquilidade de espírito, que constituem o alicerce de uma existência plena, feliz e harmoniosa.

O autor, Dr. Norman Vincent Peale, já é bastante conhecido do público ledor brasileiro, mercê do seu livro O PODER DO PENSAMENTO POSITIVO, que, lançado em português pela Editora Cultrix, se tornou, em poucos meses, um dos maiores êxitos editoriais até hoje registrados entre nós.

Norman Vincent Peale é considerado, nos Estados Unidos, o ministro dos "milhões de ouvintes", o doutor em "terapêutica espiritual". Tornou-se popular através de sua constante colaboração na imprensa, de seus programas de rádio e televisão bem como pelos notáveis volumes em que vem reunindo o melhor de sua constante pregação espiritual e que tem sido publicado no Brasil, com exclusividade, pela Editora Cultrix. Milhares de consultas chegam diariamente ao Dr. Peale, vindas de todos os recantos do Mundo. E milhões de pessoas já lhe agradeceram os conselhos e sugestões que as levaram a reencontrar a felicidade perdida.

EDITORA CULTRIX